AF384690

TRENTE ANNÉES

DE LA VIE

DE JOSÉPHINE,

IMPÉRATRICE DES FRANÇAIS;

Par M. DE F***.

DEUXIÈME ÉDITION.

A PARIS;

Chez LOCARD et DAVI, Libraires, rue des Boucheries-Saint-Germain, n°. 28.

Premier Septembre 1814.

TRENTE ANNÉES

DE LA VIE

DE JOSÉPHINE,

IMPÉRATRICE DES FRANÇAIS.

————————

Lorsque la mort vient de frapper une femme, célèbre par les différentes situations où elle a passé trente années de sa vie, qu'il me soit permis de jeter quelques fleurs sur sa tombe. Peu de personnes connaissent les détails relatifs à son premier mariage. Je puis d'autant mieux satisfaire la curiosité de mes lecteurs, que camarade et ami du feu comte de Beauharnais, je ne mettrai dans mon récit ni flatterie, ni basse envie; (les Marins sont incapables de l'une et de l'autre). Je dirai ce que je sais, ce que j'ai vu, ce que le comte Beauharnais m'a cent fois répété; je dirai la vérité, elle ne blessera point ceux dont je parlerai, parce que je n'ai que du bien à en dire; et si mon récit leur paraît quelquefois trop libre, qu'ils pensent que c'est le vieil ami de leur oncle et de leur père qui parle d'eux : ces vérités leur serviront d'antidotes contre l'encens dont naguères on les enivrait.

MM. de Beauharnais, d'une famille distinguée dans la marine, donnaient depuis leur jeunesse l'exemple de la plus constante amitié. Ils avaient servi tous deux dans le corps Royal de la Marine, et s'étaient retirés chefs d'escadre et chevaliers de l'Ordre de Saint-Louis. L'aîné était veuf depuis long-temps, et avait deux fils de son mariage. L'un prit le titre de marquis comme son père ; l'autre se fit nommer vicomte. Leur oncle avait épousé mademoiselle Mouchard, fille d'un receveur général, qui passait pour fort riche. Elle était jeune et jolie, et douée d'un esprit supérieur. Elle a donné plusieurs ouvrages qui la mirent au rang d'une des femmes de lettres les plus distinguées. Il en eut trois enfans ; un fils, maintenant comte et pair de France, qu'il avait fait entrer dans le régiment des Gardes, où il obtint l'estime et l'amitié de tous ses camarades, comme il l'aura toujours de tous ceux qui auront des relations intimes avec lui. Possédant toutes les vertus sociales, ami des lettres et par conséquent du repos, il a été porté par les circonstances dans un tourbillon qui n'ajoutait rien à son bonheur, et souvent y nuisait.

Il n'en était pas de même de ses cousins, qui aimaient davantage le monde et les plaisirs de leur âge.

Depuis leur enfance, ces deux jeunes gens avaient été destinés pour être époux de leurs cousines, filles du comte. L'aînée était déjà mariée au mar-

quis ; elle était très-jolie , mais extrêmement ti-
mide. Sa sœur , vive et gaie , d'une figure fort
agréable sans être régulière , devait être unie au
vicomte , qui avait sur son frère la supériorité de la
taille , et était très-bel homme : il était impossible d'avoir une tournure plus élégante et plus
noble ; aussi était-il le premier danseur de la Cour.
On avait si bien compté sur cette double alliance ,
qu'on n'avait pas partagé une superbe habitation à
Saint-Domingue, dont MM. de Beauharnais avaient
hérité de leur père , et que M. Renaudin , qui avait
épousé mademoiselle Tacher de la Pagerie , gérait ,
non comme économe , mais comme ami , ayant une
procuration des deux frères. M. le marquis de Beauharnais se lia intimement avec M. et Mme Renaudin,
et obtint du mari que Mme Renaudin viendrait tenir
sa maison à Paris.

Elle avait de l'esprit, et sur-tout celui d'arriver
à son but malgré les obstacles. Elle savait que son
mari n'avait pas tiré tout le parti qu'il aurait dû de
l'habitation qui lui était confiée ; craignant l'em-
barras de rendre ses comptes , elle ne vit rien de
mieux, que d'unir les intérêts du marquis à ceux de
sa famille , en mariant une de ses nièces avec le
vicomte, fille de son frère , M. Tacher de la Pagerie :
il en avait plusieurs. Mme Renaudin en demanda une,
et la première qui arriva , mourut en débarquant à
Rochefort.

Mme Renaudin , toujours constante dans ses projets ,
demande une autre nièce ; c'est sur Joséphine ,

cette fois , que le choix tomba ; elle n'avait pas encore atteint son troisième lustre. Sa figure quoiqu'agréable n'était point développée ; il n'y avait rien alors de remarquable dans sa personne que la beauté de sa taille et l'extrême petitesse de son pied. Elle était simple , modeste , d'une humeur douce et aimable. Sa tante la garda près d'elle ; ainsi elle eut des occasions fréquentes de voir le Vicomte , qui demeurait aussi chez son père, dont on se souvient que Mme Renaudin tenait la maison. Ce jeune homme trouva la jeune créole plus aimable que sa cousine , qu'il ne voyait qu'un moment à la grille ; et Joséphine ne put être insensible aux charmes répandus dans toute la personne du Vicomte.

Mme Renaudin ne laissait point entrevoir son dessein , et une amie , nommée madame Duchênau , était seule dans la confidence ; elle allait souvent chez elle avec sa nièce ; le Vicomte demanda la permission de l'y accompagner. Bientôt madame Duchênau s'aperçut combien l'amour faisait de progrès dans le cœur de ce jeune homme , et elle crut qu'il était temps de faire part au vieux Marquis des vœux de son fils. Ce fut Mme Duchênau qui se chargea de cette tâche difficile à remplir ; car il fallait qu'il manquât à la parole qu'il avait donnée à son frère.

Ces dames cependant réussirent à l'intéresser en faveur des amans, et il promit qu'ils seraient époux. Mais , quand il fallut en parler au comte , il se trouva bien embarrassé ; il avait pour lui une grande vénération, et cette espèce de soumission involontaire, que les âmes faibles ont pour celles qui ont reçu du ciel une grande énergie ; toutefois pressé par son fils de rompre le mariage projetté, il se détermina à apprendre à son frère, ses nouveaux projets. Celui-ci, dès le premier mot, fut outré d'indignation, et jura de ne jamais pardonner ce qu'il appelait un outrage. Rien ne fut capable de le faire revenir de sa haine contre Mme Renaudin et sa nièce. Il demanda sur-le-champ le partage de l'habitation, et un procès presqu'interminable brouilla pour jamais les deux frères. Le Comte, dans sa prévention contre Joséphine, attaquait sa naissance ; mais c'était bien à tort. M. Tacher valait MM. de Beauharnais il était originaire d'une famille noble de Suisse. Une branche vint s'établir dans le Perche, et c'est de cette famille là qu'est née Joséphine.

Un de ses parens, qui se nommait le marquis de Tacher, vivait dans ses terres, près Mortagne, et n'en sortait que pour aller à l'Orient, dans le tems de la vente, acheter des singes et des perroquets. On se rappelle que l'impératrice Joséphine avait hérité du même goût pour ces petits animaux. Elle en avait à la Malmaison un grand nombre. La sœur de M. de la Pagerie avait épousé un capitaine aux gardes, dont la fille se maria à M. le comte de la Rochefoucault. Ce n'était point, ainsi qu'on vient de le voir, pour M. de Beauharnais, une alliance disproportionnée du côté de la naissance. D'ailleurs l'amour égalise toutes les conditions ; et M. et Mad. de Beauharnais , dans les commencemens de leur mariage , jouirent du plus grand de tous les biens , qui ne peut-être comparé à rien sur la terre , celui de réunir le devoir et les plus doux plaisirs. Mais il semble que l'homme soit envieux de cette félicité si rare, et que la malignité emploie tous les moyens pour la troubler. Déjà la jeune vicomtesse avait donné à son époux plusieurs enfans ; et tout devait faire croire qu'en resserrant leurs liens , ils goûteraient mieux encore leur bonheur. Mais on sema dans leur âme la défiance et même les soupçons ; ce mal cruel en amour , est injurieux dans l'hymen. On aigrit peu à peu leur humeur , et les confidens qu'ils eurent l'imprudence de prendre , loin d'adoucir les sujets de plaintes qu'ils croyaient avoir , les augmentaient encore. On en vint à une demande en séparation. Le vicomte qui aimait encore beaucoup sa femme , ne voyait pas, sans un mortel regret , les démarches où on engageait sa compagne , la mère de ses enfans ; il ne s'en prenait point à elle ; il rendait justice à la bonté de son cœur. Il en accusait Mme Renaudin ; il en eût accusé la nature entière , plutôt que de croire sa Joséphine capable d'elle-même d'un mauvais procédé. Les tribunaux devant lesquels cette affaire fut portée , crurent avec raison que M. et Mad. de Beauharnais étaient trop jeunes l'un et l'autre, et s'étaient trop tendrement aimés pour ne pas éprouver un vif regret de s'être séparés, lorsqu'ils sentiraient la faiblesse des motifs qui les avaient déterminés à cette procédure, toujours si fâcheuse pour les époux, dont les débats rendus publics devinrent la fable de leurs concitoyens. Ces considérations, plus encore l'attrait qu'ils avaient l'un pour l'autre, les empêchèrent de donner plus de suite à cette affaire.

Ils reparurent à la cour, et ils y eurent l'un et l'autre tous les succès que leurs qualités aimables devaient leur valoir. Le comte de Beauharnais mourut vers ce temps, et sa mort servit peut-être au raccomodement du vicomte et de la vicomtesse; car on est obligé de le dire, mon vieux camarade n'avait pas peu contribué à exciter l'humeur jalouse de son neveu, en augmentant les torts légers de Joséphine, pour prouver au vicomte combien il avait perdu en n'épousant pas sa cousine, qui depuis s'était mariée au marquis de Baral, qu'elle rendait très-heureux, malgré qu'il fût beaucoup plus âgé qu'elle, et d'un humeur austère.

On put regarder les années qui suivirent la réconciliation de Joséphine avec son époux, jusqu'à nos troubles politiques, comme les dernières où elle jouit d'une tranquillité parfaite. Sa physionomie avait infiniment gagné avec les années; l'habitude de vivre à la cour lui avait ôté cette timidité qui plaît dans l'adolescence, mais qui nuit dans une jeune femme à son esprit, je dirais jusqu'à ses grâces, en lui donnant une sorte de gaucherie qu'on ne pardonne point dans le monde; au contraire, madame de Beauharnais réunissait à la plus grande décence cette aimable abandon des grâces qui caractérise les créoles. La reine lui témoignait beaucoup de bonté , et je suis certain que bien des fois, lorsque la fortune mit Joséphine pendant quelques instans à la place de cette auguste et malheureuse princesse , elle regretta le temps où elle lui faisait sa cour, et que jamais elle n'aspira à un rang dont elle avait vu de trop près les ennuis et les dangers. Hélas ! elle disparut cette cour brillante, qui réunissait tant de vertus et tant de charmes ; des monstres avaient résolu d'anéantir cette maison qui depuis tant de siècles faisait la gloire et le bonheur de la France. Heureux pour notre patrie qu'une partie de cette illustre famille se soit soustraite , par la fuite , au sort affreux que ses ennemis leur destinaient, et ait été conservée par une Providence qui veillait sur nous, et l'ait ramenée au milieu d'un peuple qui la revoit avec transport !

Mais par combien de longues calamités n'avons-nous pas passé pour arriver à ce but si desiré des cœurs vertueux ; et qui a ressenti d'une manière plus terrible les secousses de l'état convulsif où la France était livrée depuis vingt-cinq ans, que Mme de Beauharnais ! Oui, chère ombre ! j'en appelle à votre témoignage ; la prison, la pauvreté ne furent pas pour vous les plus cuisans chagrins ; votre âme noble et sensible fut éprouvée sous la pourpre par des maux mille fois plus grands , et vos larmes coulaient en silence , lorsque l'imbécille vulgaire enviait votre sort.

Les États-Généraux s'assemblèrent, et c'est de cette époque que l'on doit compter les tourmens publics qui vinrent assaillir l'âme de Joséphine, qui, jusqu'alors avait été bercée par les douces illusions du plaisir. La cour inquiète des suites que pourait avoir cette assemblée, que ses ennemis n'avaient demandée que pour la perdre, ne fut plus occupée de fêtes et de spectacles. Les jeunes et jolies femmes se mêlaient de discuter les intérêts de l'État; et la société présenta une image imparfaite des anciennes Républiques, où chacun exprimait son opinion sur le Gouvernement, et se croyait en droit de faire prévaloir son avis.

La reine en avait un opposé à tout ce qui se faisait, et pressentait tous les maux que cette prétendue régénération occasionnerait à la France. Elle en parlait souvent à Joséphine, qui partageait ses craintes. Elle ne voyait pas, sans inquiétudes, son beau frère, le marquis de Beauharnais, siéger parmi les Représentans du Peuple; car il ne pouvait y avoir que dangers, de quelque côté que l'on fût, sur-tout pour les nobles, au patriotisme desquels on ne croyait guères.

Des alarmes particulières vinrent ajouter aux inquiétudes générales. La guerre se déclara; Beauharnais, l'époux de Joséphine, avide de gloire, et croyant servir son Roi, qu'il respectait, et dont il était aimé, parvint au grade de général, dans lequel il eut bientôt la triste conviction que Louis XVI n'avait plus qu'une ombre de puissance , qu'il perdit avec la vie. Alors M. de Beauharnais , dénoncé par ses propres soldats , fut destitué , conduit à Paris, où il fut mis en arrestation. Le cœur sensible de Joséphine se fit voir à cet instant dans tout son jour , ne se rappelant en aucune sorte les mécontentemens qu'elle avait eus de son époux; elle fit tout pour lui rendre la liberté , s'exposant sans ménagement à éprouver le même sort. Le vicomte fut vivement touché des marques d'intérêt que Joséphine lui donnait dans cette occasion ; mais bientôt il perdit toute espérance ; quelqu'activité , quelques soins qu'elle se donnât, elle ne put obtenir la mise en liberté de M. de Beauharnais , et fut privée de pouvoir lui porter les consolations de l'amitié, car elle - même fut arrêtée et conduite aux Carmes. Ce qui l'affligeait infiniment dans sa détention, était l'idée que personne ne s'intéressant plus à la délivrance de son mari , il périrait immanquablement; alors que deviendraient ses enfans , dont on l'avait séparée. Plusieurs semaines se passèrent sans qu'il y eût aucun changement dans le sort de l'un et de l'autre.

Enfin l'infortuné Vicomte fut traduit au tribunal révolutionnaire qui le condamna, sans l'entendre , ainsi que tous ceux qui furent ses victimes. Il mourut avec un grand courage, non cependant, sans laisser échapper quelques larmes sur le sort de sa femme et de ses enfans , car il ne croyait pas que son échafaud dût être le premier degré du trône où sa veuve devait s'asseoir. Joséphine, tremblante sur le sort de son mari, qu'elle savait livré au tribunal de sang des jacobins, lisait les journaux avec une inquiétude mêlée d'effroi. Ses compagnons d'infortune lui dérobent avec soin celui qui contient la liste des proscrits, où le Vicomte est placé. Elle demande ce journal; on dit qu'il n'est pas venu. Ce mystère l'effraie; elle pressent la perte de l'objet de ses premières affections; elle veut être instruite de son malheur, et parvient à arracher ce fatal secret. Mais à peine en a-t-elle la triste certitude, qu'un vomissement de sang fait tout craindre pour ses jours. On s'empresse pour lui procurer les secours que sa douloureuse situation exige; mais en vain on sollicite le barbare geolier d'aller chercher un médecin, il répond aux prières les plus instantes : *Elle n'a que faire de médecin, hier le jour de son mari, demain le sien.* La jeunesse et la bonté de son tempérament la sauvèrent, et comme elle plaignait le sort de ce farouche gardien, qui était mort peu de temps après le Vicomte ; on rapporta à madame de Beauharnais la réponse de ce méchant homme. Le malheureux, dit-elle, avec l'accent de la sensibilité, le malheureux! j'aurais donné tout au monde pour le sauver.

La mort des chefs sanguinaires qui avaient couvert la France de deuil, laissa respirer quelques instans notre malheureuse patrie. On rendit la liberté à ceux qu'ils avaient désignés pour être du nombre de leurs victimes. Madame de Beauharnais avait reçu peu de jours avant son acte d'accusation , prélude d'une mort certaine. Elle en était si persuadée, que voulant donner à ses enfans le seul témoignage d'amour qui était en son pouvoir, elle se fit couper les cheveux pour qu'on les leur remit. Cependant elle échappa, comme nous venons de le dire, à la proscription, et sortit de sa prison , mais pour être en but à de nouveaux malheurs; madame de Beauharnais avait perdu, en même temps que son époux, sa fortune et celle de ses enfans. Qui ne connaît pas les massacres, les incendies dont les amis des noirs furent cause en Amérique, et principalement à Saint-Domingue ; ainsi tous les Colons virent s'évanouir leurs immenses richesses.

Madame de Beauharnais eût été comme eux réduite à la misère, si des amis ne se fussent empressés de venir à son secours; de ce nombre fut madame Tallien (1). Ces deux dames étaient alors inséparables. Leurs charmes, la manière extraordinaire dont elles étaient mises (2), les faisaient remarquer par-tout où on les voyait, soit dans les fêtes civiques, soit au cercle du directoire , soit au spectacle. Ce fut à ces dames que nous dûmes l'avantage de conserver quelque esprit français. Elles bannirent de leur société le ton révolutionnaire ; mesdames de Beauharnais et Tallien n'en adoptèrent jamais les principes, que dis-je ? elles les avaient en horreur; et sauvèrent ,

---

(1) A présent madame de Caraman.

(2) Elles avaient presque toujours un costume grec.

autant qu'il leur fut possible, les victimes que le gouvernement voulait immoler à sa sûreté.

Barras, d'une famille noble, et conservant la galanterie française, ne peut voir sans intérêt la jeune veuve; mais que pouvait-il faire pour elle? il était marié, et il lui restait encore assez de moralité pour ne pas divorcer. Il lui fit obtenir, comme indemnité d'une partie des biens de son mari, la Malmaison, séjour très-agréable, près de Saint-Germain, et dont par la suite elle embellit les jardins des plantes les plus rares. Ce fut là, où elle cultiva ses heureuses dispositions pour la botanique, où elle acquit beaucoup de connaissances; elle s'y occupait encore plus de ses enfans, qu'elle aimait à l'idolâtrie; ils croissaient sous ses yeux, et annonçaient les plus heureuses dispositions. Elle s'affligeait en pensant qu'elle ne pourrait pas leur procurer un établissement digne de leur nom, quand l'âge serait venu.

Mais des circonstances qui tiennent du prodige, lui firent rencontrer celui qui lui donna pendant quelques années un si grand éclat, que personne en France ne marchait plus son égal, et cela sans qu'elle ait dû le prévoir, sans qu'elle se soit donnée la moindre peine pour que cela fût. Elle ne fit rien que dese laisser aimer d'un jeune homme, noble, mais étranger et sans fortune; et elle consentit à être la récompense que les membres du Directoire voulaient donner à ce jeune guerrier, pour les services qu'il leur avait rendus lorsqu'ils siégeaient encore à la convention. J'espère qu'on n'attend pas ici que je répète

le conte absurde que l'on a publié sur ce mariage ;
j'ai promis de dire la vérité, et des conjectures ne
peuvent jamais être données pour elle. Madame de
Beauharnais avait quelque peine à se décider à prendre un nouvel engagement à cause de ses enfans.
Buonaparte lui jura de les adopter, de les aimer
comme les siens ; on sait avec quelle scrupuleuse
exactitude il a tenu sa parole.

A peine marié, Buonaparte partit pour l'Italie.
Je ne parlerai point de ses conquêtes, l'Europe
alors retentissait du bruit de sa gloire Elle excita
l'envie de ce même directoire qui lui portait, quelques mois avant, tant d'intérêt. On ne lui permit
pas de faire une descente en Angleterre, que l'armée desirait vivement ; et ne sachant comment
éloigner pour toujours celui dont l'ambition com-
mençait à percer, les chefs du gouvernement ima-
ginèrent une expédition en Egypte, lui en donnèrent le commandement, espérant qu'il n'en re-
viendrait jamais. Ce fut pendant cette expédition
que la fortune des Beauharnais parut encore in-
certaine, et si l'époux de Joséphine eût péri dans
les sables de la Lybie, ils n'eussent été que de
pauvres colons, n'ayant pour toute ressource que
les faibles secours que le gouvernement donnait
alors à ces infortunés.

Madame Buonaparte pendant l'absence de son
mari, était mal à son aise, et sans les attentions
délicates de l'amitié, elle eût éprouvé de grandes
privations. Je pourrais les nommer ces amis, je

les connais ; mais ce qu'ils tenaient alors à honneur ,
à présent !.....

Il revint et déplaça ceux qui avaient voulu le
perdre. Alors la fortune se hâta d'amonceler les
grandeurs sur celui qu'elle voulait en quelque
sorte en accabler. Joséphine ne voyait pas , sans
alarmes , cette marche rapide ; elle tenait dans son
cœur à nos princes légitimes. Elle se flattait peut-
être que son époux chercherait , en les rétablissant
sur le trône , une gloire solide et durable ; et plus
elle voyait qu'il agrandissait son pouvoir, plus elle
tremblait qu'il ne se préparât une chûte terrible en
voulant s'élever trop haut. De-là venait ce fond de
mélancolie qui ne la quittait presque plus , et dont
sa santé était altérée. Un évènement affreux, dont
je ne rappellerai point le souvenir , lui causa la
plus mortelle douleur , et la couronne que Napoléon posa peu de jours après sur sa tête , ne l'en
consola pas ; *parce qu'elle le vit toujours comme
une tache ineffaçable dans la vie d'un grand
homme.* Cette diversité d'opinion, contribua peut-
être à rendre Joséphine moins heureuse. Napoléon
ne supportait qu'impatiemment les moindres contra-
dictions. Il était impossible qu'en prenant à lui le
plus sincère intérêt , elle ne lui fît pas sentir le
danger de mille démarches, où son ambition l'en·
traînait. Il voulut flatter celle de sa compagne ,
ou plutôt la faire naître en comblant ses enfans
d'honneurs. Hortence, sa fille chérie, fut mariée à

Louis, frère de Napoléon, et la **couronne de Ho-**
lande fut sa dot.

Eugène qui avait suivi son beau-père en Egypte,
et qui y avait déployé dès cet instant un courage et
une intelligence, pour le métier des armes, bien
au-dessus de son âge, fut nommé colonel de ses
guides et adopté. Joséphine, qui malgré les sujets
de plaintes qu'elle aurait dûs avoir contre le comte
de Beauharnais, n'en était pas moins empressée à
servir ses enfans, obtint de Napoléon des grâces
pour tous trois. Stéphanie, fille du sénateur,
fut aussi au rang des princesses impériales. Eugène
épousa une princesse de Bavière, ainsi que l'avait
fait le fils de Louis-le-Grand. Stéphanie fut mariée
au prince de Bade. Tant de gloire n'enivrait point
Joséphine ; la représentation la fatiguait ; les voya-
ges altéraient sa santé ; elle ne voyait dans cette
monstrueuse élévation, qu'inquiétude ; tout lui paraissait incertain dans une situation aussi extraordinaire ; et si Napoléon pouvait affermir sa puissance, ce
qu'elle ne croyait pas, n'avait-elle pas à craindre pour
elle-même un changement toujours douloureux pour
une âme sensible, quand il nous enlève les moyens
de prévenir les malheurs que l'on prévoit.

Joséphine qui avait vu bénir son premier hymen
par une heureuse fécondité, ne put obtenir du ciel
la faveur (à cette époque, elle la regardait comme
telle), la faveur, dis-je, de donner à Napoléon
un héritier ; il parut vouloir l'en consoler en adop-
tant le fils de la reine Hortence et de son frère.

Cet enfant lui devint très - cher ; mais la mort le frappa avant qu'il eût atteint son premier lustre ; et son trépas parut le signal des maux dont sa tendre ayeule allait être environnée. La douleur de la reine de Hollande fut extrème ; Napoléon la partagea. Mais bientôt d'autres soins l'occupèrent. Il ôta la couronne à ce frère qui n'avait d'autre tort que d'avoir favorisé le commerce de ses sujets, sans lequel ils ne pouvaient vivre. Hortence, aussi peu touchée des grandeurs que sa mère, se trouva heureuse de venir goûter près d'elle le charme attaché à sa société. Hélas ! elle ne croyait pas que le ciel l'en priverait aussi promptement.

Nous la verrons cette femme intéressante, revenue successivement du faîte des grandeurs à son premier état, mériter l'amour de ses enfans et l'amitié fidèle de ceux qui l'avaient connue ; toujours semblable à elle-même dans toutes les situations de sa vie, elle charma sans cesse tout ce qui l'approchait.

Les Français, comme un torrent que rien n'arrête dans son impétuosité, avaient envahi la Suisse, l'Italie, l'Allemagne, et menacé les frontières de la Russie. Austerlitz, Ulm, Jéna et tant d'autres lieux, virent flotter les drapeaux de la victoire à la tête de nos armées triomphantes de toutes parts. Nos soldats victorieux rapportent, au sein de leur patrie, les trophées de leur gloire, la France s'enrichit des chefs-d'œuvre des arts, et Paris en devient le centre. Tant de succès portent l'orgueil de Napoléon au dernier terme; il a dicté les conditions de la paix aux plus grands potentats. Il régna sur la moitié de l'Europe; sujets, alliés, tout obéit à ses moindres volontés. Les gens de lettres, les artistes se disputent à qui l'élevera plus haut; ils n'en trouvent aucun, parmi les héros de l'antiquité que, selon eux, il ne surpasse. Joséphine, seule, ne se laisse pas entraîner à ce fol enthousiasme : tourmenté de la pensée qu'il est impossible qu'un si vaste empire se soutienne, (car il ne faut pas le dissimuler), livrée malgré elle à une crainte supersti-tieuse (1), elle croit que les jours de sa puissance sont près de finir. Elle voudrait que celui à qui son sort est uni, s'occupât moins de sa vaine grandeur que des moyens de prévenir une catastrophe, qui ne pouvait être que funeste pour tous deux. Elle l'invite à poser les armes, à s'occuper moins de conquêtes et à faire le bonheur de la France, en protégeant le commerce et l'agriculture. Craignez, ajoutait-elle, de lasser la fortune. Je ne crains rien, lui répondait-il, vous êtes ma sauve-garde, ce qu'il lui disait, soit pour flatter son amour-propre, et l'engager à partager son ivresse, soit qu'il le pensât réellement (car il n'était pas exempt, assure-t-on, de semblables idées) : il ne s'éloignait jamais qu'à regret de Joséphine. Ra-

---

(1) Mademoiselle de la Pagerie étant encore à la Martinique, on dit que l'on lui avait prédit qu'elle serait reine d'une grande nation, mais qu'elle mourrait dépouillée de toute grandeur.

rement il souffrait qu'elle restât à Paris , lorsqu'il partait pour l'Allemagne ; il exigeait qu'elle vînt à Mayence , et il l'instruisait avec la plus grande exactitude de tout ce qu'il faisait ; il avait pour elle un sincère attachement ; et nous aurons bientôt l'occasion de faire voir que celui de Joséphine, pour lui, n'était pas moins réel.

Des campagnes plus ou moins glorieuses mirent Napoléon dans une situation telle , que jamais on eût pu l'imaginer lorsqu'il avait épousé Joséphine; et ce mariage qu'il avait regardé comme très-avantageux , quand il n'était qu'un pauvre général réformé , ne satisfaisait plus son orgueil. Joséphine était son égale; mais il n'en reconnaissait plus en France ; il eut volontiers pensé qu'il n'en avait plus sur la terre. Il voulait un héritier , et il voulait en même temps qu'il fût par sa mère d'un sang si illustre qu'il inspirât le respect que les hommes accordent à une longue suite d'aïeux. Mais il fallait se séparer de Joséphine , payer les plus importans services , le dévouement le plus constant, par un abandon injurieux. Depuis long-temps elle le craignait ; et Napoléon qui ne savait pas encore s'il obtiendrait d'un des deux empereurs, d'être son frère ou son gendre , voulut tranquilliser sa compagne, et faire taire les bruits sur son prochain divorce; il fit donc des lois organiques pour sa famille , dont une des premières était qu'aucun membre de cette famille ne pourrait divorcer.

Lorsque Napoléon voulait mettre à exécution quelques-uns de ses projets, qu'il craignait de trouver en opposition avec l'opinion publique, il avait toujours quelques adresses toutes prêtes à se faire présenter par des députations, soit des corps qui composaient le Gouvernement, ou de ceux des départemens dont il était sûr de la complaisance pour ses désirs. Ce fut là le moyen qu'il prit pour persuader au vulgaire qu'il ne faisait que céder au vœu de la nation, en se décidant à se séparer de celle à qui il ne pouvait reprocher d'autre tort que celui de ne lui avoir point donné de successeur. Mais, comment rompre ses nœuds avec elle, s'étant interdit la faculté de divorcer? Il fallait alors avoir recours ou à la cassation du mariage; ce qui ne pouvait se faire que par l'autorité du Saint-Siége, ou en le faisant déclarer nul par l'Officialité. On tenta d'abord d'obtenir cette rupture du Pape; mais sa sainteté que l'on assure qui avait béni lui-même secrètement l'hymen de Napoléon et de Joséphine, qui avait couronné celle-ci impératrice, ne crut point devoir prêter sa puissance à un acte contraire aux lois divines. Il fallut donc que Napoléon s'en tînt à l'Officialité, qui trouva suivant toute apparence quelques formalités omises lors de la célébration du mariage; car on ne peut soupçonner des ecclésiastiques respectables de s'être lâchement rendus aux volontés de celui qui gouvernait alors. Quoiqu'il en soit, ces causes de nullité restèrent secrètes, et une union consacrée depuis quatorze ans par une constante amitié, et cette étroite intimité, rare parmi les hommes en place, fut déclarée nulle.

Une assemblée imposante, de tout ce qui était de gens honorés à cet époque, se réunit au palais des Thuileries. Joséphine y parut avec une mortelle douleur; et ceux qui la connaissaient particulièrement, attesteront que ce n'était point le rang suprême qu'elle regrettait; mais, disait-elle à ses amis, en fondant en larmes, se séparer après quatorze ans de mariage, sans avoir aucuns reproches à se faire, n'être plus sa plus chère amie, la confidente de ses pensées, ne pouvoir plus lui être utile, imaginer qu'une jeune et grande princesse, l'aimant peut-être bien moins que moi, s'emparera de toutes les puissances de son âme, que le ciel lui accordera, suivant toutes les apparences, la faveur qu'il m'a refusée; qu'elle lui donnera un fils, et que les miens qu'il a adoptés ne seront plus pour lui qu'au second rang de ses affections; voilà ce qui m'afflige jusqu'au fond de l'âme! Elle n'en signa pas moins avec la plus grande fermeté le consentement à la dissolution de son mariage. Napoléon était ému, et il s'en voulait à lui même de sacrifier son propre bonheur aux vaines chimères de l'orgueil.

Aussitôt après ce pénible sacrifice, les époux se séparèrent; et Joséphine se retira à Malmaison, où Napoléon vint la voir tous les jours, jusqu'à celui de son nouvel hymen. Cependant celle qui devait s'unir au sort de Buonaparte n'était point encore connue. On croit que son premier vœu avait été d'obtenir la main d'une sœur de l'empereur de Russie, que celui-ci était au moment d'y consentir, mais que l'impératrice mère, femme d'un grand caractère, dès qu'elle eut appris ce projet, emmena sa fille à une fort grande distance de Saint-Pétersbourg, disant que ni elle ni la princesse ne reparaîtraient à la cour jusqu'à ce que cette négociation fût rompue. Alexandre céda, ajoute-t-on, aux volontés de sa mère, et refusa d'avoir Buonaparte pour son frère. Je ne certifie pas ce fait ; mais les entreprises de Napoléon en Russie prouvent qu'il avait une haine secrète contre le souverain de ce vaste empire. A cette époque il dissimula son mécontentement, et tourna ses vues du côté de l'Autriche, qui, moins difficile qu'Alexandre, lui accorda sans peine la main de l'archiduchesse Marie-Louise. Alors rien ne peut-être comparé à la vanité de Napoléon. Il allait avoir pour épouse une princesse de la seconde maison de l'Europe, tel qu'en avait épousé Louis XIII, Louis XIV et Louis XVI, une princesse qui comptait des rois de france pour aïeux ; de sorte que le sang de Saint Louis coulerait dans les veines de ses enfans. Il n'épargna rien pour la recevoir avec une magnificence vraiment royale.

Alors Joséphine fut négligée, et elle vit se réaliser tout ce qu'elle avait prévu. Buonaparte, tout enivré de sa nouvelle conquête, oublie celle qui avait été si long-temps sa compagne. Cependant Joséphine entourée d'amis sincères qu'elle avait conservés dans son élévation, les vit s'empresser à dissiper le chagrin que la rupture de son mariage lui avait causée. Elle trouva dans la liberté, le repos, des charmes qui la consolèrent. Sa santé, qui avait toujours été fort délicate tant qu'elle avait été l'épouse de Napoléon, se rétablit; elle prit un peu d'embonpoint qui lui rendit les charmes de la jeunesse, elle paraissait avoir au plus trente ans à cette époque, où elle en avait au moins quarante. Malgré les plaisirs qu'elle goûtait à la Malmaison, elle desirait cependant faire un voyage à Navarre, belle habitation que Napoléon lui avait donnée, mais qui demandait de grandes réparations, Buonaparte le sut, et mit à sa disposition un million outre les trois qu'elle avait de revenu. Elle conservait le rang d'impératrice couronnée. Elle profita de l'un et de l'autre pour faire des heureux, et elle eut des dames qui toutes étaient ou devinrent ses amies. Sa fille, forcée de paraître à la cour de son père adoptif, revenait toujours avec délices près de sa mère, et les cercles de la Malmaison étaient préférés, même par les courtisans, à ceux des Tuileries. Quelqu'un le disant à Joséphine, elle lui répondit : Il est tout simple qu'ayant passé ma vie en France, ayant vécu en société avec ceux qui sont de la cour actuelle, j'eusse plus de choses à leur dire qu'une princesse étrangère, sachant peu la langue; loin de s'en plaindre, on devrait au contraire tâcher de la faire valoir. C'est ainsi que l'excellente

Joséphine, ne conservant aucun ressentiment contre sa rivale , desirait au contraire contribuer autant qu'il était en elle à son bonheur ; elle eut même la générosité de partager sincèrement celui que Napoléon éprouva lorsque Marie-Louise lui donna un fils; elle desira voir cet enfant, et elle lui témoigna un tendre intérêt. Ce furent les derniers beaux jours de cet astre qui n'avait brillé d'un si grand éclat que pour s'éteindre tout à coup.

Je n'entrerai point dans le détail de la triste expédition de Moscow ; pourquoi renouveler la douleur de tant de familles qui y perdirent les plus chers objets de leurs affections. Joséphine joignit aux inquiétudes, sur le sort des armes de celui qui avait été son époux , la crainte , mille fois plus vive , d'avoir perdu son fils. On ignora pendant plusieurs jours le sort du prince Eugène , qui , méritant toute la confiance de son beau-père , rassembla les tristes débris de la plus belle armée qu'on eût vue depuis long-temps. L'année, qui suivit ce désastre , ne fut pas plus heureuse. Napoléon, abandonné de la victoire , revint inutilement demander des secours d'hommes et d'argent à ceux qui étaient encore ses sujets ; ils refusèrent l'un et l'autre, et les alliés entrèrent sur notre territoire. Les évènemens qui firent le salut de notre patrie sont trop récens et trop connus pour qu'il soit nécessaire de les placer ici. Joséphine parut y prendre peu de part , mais son cœur sensible n'en ressentit pas moins les plus terribles angoisses ; ne dût - elle pas se rappeler son fatal horoscope ? Et ne le voyait-elle pas au moment de s'accomplir sur elle et ses enfans. Le ciel qui veillait sur nous , tourna à son gré le cœur des puissances, ils cessèrent d'être nos ennemis , ils nous rendirent notre légitime souverain ; ils firent plus , ils ôtèrent à Napoléon tout desir de défendre un pouvoir qui lui échappait , et il quitta le sol de la France. Mais par combien d'anxiétés l'âme de Joséphine dût passer pendant ces jours de deuil ! Quelles allarmes pour son fils, dont la noble constance lui a mérité l'estime des ennemis ! Il revient près de sa mère ; sa fille ne la point quittée. Le roi , aussi juste que généreux , lui a donné une fortune brillante , et la fait assurer de son estime. Les souverains pacificateurs veulent la connaître , ils l'honorent plusieurs fois de leur présence , et la comblent d'égards. Ses amis se pressent autour d'elle , tout semble vouloir lui faire oublier les maux qu'elle à soufferts ; mais le coup est porté ; lorsqu'elle dissimule ses douleurs, la mort est dans son sein ; et au moment où les médecins , appelés près d'elle pour dissiper, à ce qu'on croit, une légère indisposition, apprirent à ceux qui l'entouraient que Joséphine était dans le plus grand danger : ce fut un deuil général. Les plus illustres personnages lui donnèrent, dans ses derniers momens, les témoignages d'un grand intérêt ; ses enfans éperdus implorent le ciel pour qu'il leur rende leur mère ; les infortunés , dont elle soulageait la misère , l'invoquent de même mais inutilement ; l'arrêt est irrévocable et Joséphine n'est plus. Avec la gloire de Napoléon s'est éteinte la vie de celle qui en dut être la seule compagne.

FIN.

De l'Imprimerie de LAURENS aîné, rue Dauphine, n°. 32.